COOLE NINJA-ABENTEUER

Lektorat Victoria Taylor, Beth Davies, Paula Regan,
Linda B. Gambrell, Julie Ferris, Simon Beecroft
Gestaltung und Bildredaktion Sam Bartlett, Gema Salamanca,
Rhys Thomas, Jo Connor, Lisa Lanzarini
Herstellung Siu Yin Chan, Sarah Burke

Für die deutsche Ausgabe:
Programmleitung Monika Schlitzer
Projektbetreuung Christian Noß
Herstellungsleitung Dorothee Whittaker
Herstellungskoordination Katharina Schäfer
Herstellung Claudia Bürgers, Inga Reinke

Titel der englischen Originalausgabe:
LEGO® NINJAGO® Ninja in Action

© Dorling Kindersley Limited, London, 2018
Ein Unternehmen der Penguin Random House Group
Alle Rechte vorbehalten
Seitengestaltung © 2018 Dorling Kindersley Limited

© der deutschsprachigen Ausgabe by Dorling Kindersley Verlag GmbH, München, 2018
Alle deutschsprachigen Rechte vorbehalten
1. Auflage, 2018

LEGO, the LEGO logo, the Minifigure, the Brick and Knob configurations,
NINJAGO and the NINJAGO logo are trademarks of the LEGO Group.
All rights reserved. © 2018 The LEGO Group.
Manufactured by Dorling Kindersley Verlag, Arnulfstr. 124, 80636 München
under license from the LEGO Group.

Jegliche – auch auszugsweise – Verwertung, Wiedergabe, Vervielfältigung
oder Speicherung, ob elektronisch, mechanisch, durch Fotokopie oder Aufzeichnung,
bedarf der vorherigen schriftlichen Genehmigung durch den Verlag.

Text Beth Davies
Übersetzung Simone Heller
Lektorat Susanne Salvisberg
Satz Roman Bold & Black, Köln

ISBN 978-3-8310-3521-2

Druck und Bindung TBB, Slowakei

Besuchen Sie uns im Internet
www.dorlingkindersley.de
www.LEGO.com

Inhalt

Die Ninja	4
Kräfte und Ausrüstung	20
Verfolgungsjagd	24
Samurai X	30
Die Luftpiraten	35
Die Geisterarmee	36
Die Anacondrai	37
Ninja-Einsätze	38
Tempel des Airjitzu	40
LEGO® NINJAGO® Quiz	42
Begriffe	44
Tipps für Eltern	46

Die Ninja

Diese sechs Ninja sind mutige Helden. Gemeinsam verteidigen sie ihre Heimat Ninjago City.

Meister Wu ist ihr kluger Lehrer. Er bildet sie zu den besten Ninja aus, die sie nur sein können.

Lloyd

Ninja-Ausbildung

Die Ninja müssen viel üben. Meister Wu sorgt dafür, dass sie nicht vergessen, was sie schon gelernt haben. Jede Woche trainieren sie mit ihm.

Die Ninja üben mit ihrer Ausrüstung. So sind sie gut vorbereitet, wenn sie gebraucht werden. Meister Wu macht Fotos von allen. So sehen sie, wie sie vorankommen.

Lloyd

Lloyd ist der Grüne Ninja.
Lloyds Vater Lord Garmadon
arbeitet gegen die Ninja.

Lloyd wird zum neuen Anführer
ausgebildet. Das ist eine wichtige
Aufgabe. Er lernt begeistert und freut
sich auf neue Herausforderungen.

Kai und Nya

Kai und Nya sind Geschwister.
Kai ist der Ninja des Feuers und
Nya ist die Ninja des Wassers.
Zusammen gelingt ihnen alles!

Kai ist ungeduldig und stürzt sich wild ins Getümmel. Nya ist einfühlsam, aber auch zäh. Sie wollen immer beide der beste Ninja sein.

Cole

Cole ist ein ruhiger und gelassener Ninja. Er weiß immer, was im Ernstfall zu tun ist.

Cole trainiert am liebsten im Freien. Er übt ständig und gibt immer sein Bestes.

Zane

Zane ist der älteste Ninja und sehr schlau. Er ist irgendwie anders: Zane ist eine Art Roboter namens Nindroid. Auf seiner Brust befindet sich eine Schalttafel. Zane war der erste Nindroid, der je gebaut wurde.

Jay

Jay ist ein eifriger Ninja voller Energie. Mit seinen Witzen bringt er seine Freunde zum Lachen.

Jays Spezialkraft sind Blitze. Aus seiner Klinge zucken Blitze hervor.

Meister Wu

Meister Wu ist sehr alt und sehr schlau. Mit seiner Hilfe verbessern sich die Ninja. Er ist ziemlich streng, kann aber auch Spaß haben.

Meister Wu mag Tee. Er hat sogar einen Teeladen. Nach dem Training trinkt Wu gern mit Cole gemütlich eine Tasse. Dabei kann man sich toll entspannen.

Kräfte und Ausrüstung

Die sechs Ninja haben jeweils unterschiedliche Kräfte und Ausrüstung. Daher schaffen sie alles, wenn sie zusammenarbeiten.

Lloyd
Kraft: Energie
Ausrüstung: Goldene Katana-Schwerter

Jay
Kraft: Blitz
Ausrüstung: Nunchakus des Blitzes

Kai

Kraft: Feuer

Ausrüstung: Schwert des Feuers

Zane

Kraft: Eis

Ausrüstung: Wurfsterne des Eises

Cole

Kraft: Erde

Ausrüstung: Sense der Erde

Nya

Kraft: Wasser

Ausrüstung: Dreizack

Hoch oben

Lloyd und Cole haben einen Flieger namens *Schatten des Ninja-Flugseglers.* Er schwimmt auch auf Wasser.

Meister Wu setzt einen Helm auf und fährt in seinem Heißluftballon.

Coles Felsenbrecher schleudert blitzschnell Raketen heraus.

Verfolgungsjagd

Die Ninja haben richtig schnelle Motorräder. Damit erwischen sie die flinksten Gegner. Kai und Nya fahren auch Rennen.
Als Meister des Blitzes ist Jay blitzschnell auf seinem blauen Wüstenflitzer. Noch schneller sind nur seine Scheinwerfer-Shooter.

Unterwegs

Im Einsatz brauchen die Ninja starke Fahrzeuge. Zanes Titan-Ninjamobil ist rundum geschützt, damit er innen sicher ist.

Coles Felsen-Buggy hat große Reifen und rast perfekt über holprigen Boden. Wenn das Auto anhält, springt Cole raus und ist mitten im Getümmel. Er ist immer einsatzbereit.

Mechs vor!

Mechs sind Maschinen, die aussehen wie riesige Roboter. Sie sind bestens ausgestattet. Die Ninja steigen ins Innere der Mechs und steuern sie.

Siehst du Jay und Zane in ihren Mechs? Mit ihren Mechs besiegen sie die Anacondrai.

Samurai X

Die Ninja sind nicht die einzigen Helden. Auch Samurai X hat Mut! Nya hat Samurai X ein geniales Fahrzeug gebaut. Auf großen Rädern fährt das Samurai-Turbomobil durch den Sumpf. Jetzt können die Helden zusammenarbeiten!

Höhlenversteck

Einige Ninja-Fahrzeuge stehen in einer großen Höhle. Die Ninja müssen sie verteidigen!

Höhleneingang

Coles Motorrad

Die Vermillion

Auch die Gegner der Ninja haben Fahrzeuge. Die Vermillion sind eine Schar von Schlangen. Sie fahren viele seltsame Fahrzeuge wie dieses, das durch Sümpfe braust.

Die Luftpiraten

Die Luftpiraten stammen aus dem magischen Land Dschinnjago. In großen Schiffen fliegen sie durch den Himmel. Auf ihren Schiffen weht die Piratenflagge.

Die Geisterarmee

Die Geister sind gruselige Gegner. Sie stürzen sich auf Drachen ins Getümmel. Morro ist einer der gefährlichsten Geister und fliegt auf einem wilden Drachen.

Die Anacondrai

Die Anacondrai leben im Dschungel. Ihre Fahrzeuge sind mit Knochen verziert. Dieser Condrai-Copter kann richtig schnell fliegen.

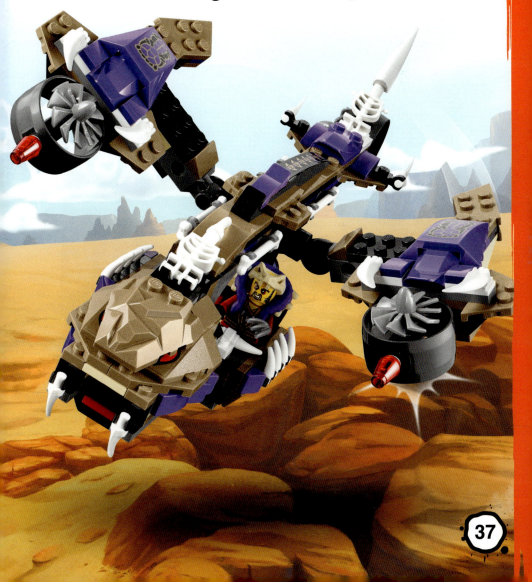

Ninja-Einsätze

Die Ninja müssen stets bereit sein, sich am Boden und in der Luft zu verteidigen. Hier bekommen sie es mit den Luftpiraten zu tun.

Die Ninja benutzen ihre Ausrüstung und ihre Talente und besiegen gemeinsam die Luftpiraten. Zusammen zu arbeiten ist immer der beste Plan!

Tempel des Airjitzu

In diesem Tempel können die Ninja trainieren und sich ausruhen. Er ist umgeben von alten Dorfläden.

Schmiede-werkstatt

Postbote

LEGO® NINJAGO® Quiz

1. Wer ist dieser weise Lehrer?

2. Welche Ninja sind Geschwister?

3. Von welchem Element ist Cole der Ninja?

4. Was ist Jays liebste Ausrüstung?

5. Wie heißt Lloyds und Coles Flieger?

6. Was für eine Art Maschine ist das?

7. Wer ist das?

8. Welche Schurken brausen durch Sümpfe?

9. Welche Schurken fliegen große Schiffe?

10. Wo entspannen sich die Ninja gern?

Antworten auf Seite 48

Begriffe

Dreizack
Gabelartige Ausrüstung.

Heißluftballon
Ein schwebendes Fluggerät mit einem Korb für Reisende.

Katana
Ausrüstung mit leicht gebogener, dünner Klinge.

Nunchakus
Zwei Stäbe, die mit einer Kette verbunden sind.

Raketen
Objekte, die weggeschleudert werden.

Roboter
Eine Maschine, die wie ein Mensch aussieht.

Samurai
Ritter im alten Japan.

Schalttafel
Eine Platte zum Steuern einer Maschine.

Wurfstern
Ein sternförmiger Gegenstand mit scharfen Klingen zum Werfen.

Schmuggler
Jemand, der mit verbotenen Waren handelt.

Sense
Ein Gerät mit gekrümmter Klinge.

Liebe Eltern,

Lesen macht Spaß! Denn es gibt so viele spannende Geschichten. Und Lesen ist sehr nützlich, denn viele Informationen erschließen wir uns lesend. Beides sollte Ihr Kind am Ende seines Leselern-Prozesses erfahren haben.

Mit den **SUPER**LESER!-Büchern für Erstleser möchten wir Ihrem Kind genau das vermitteln. Die Leseabenteuer in drei verschiedenen Lesestufen verbinden wunderbar spannende Geschichten mit vielen interessanten und nützlichen Sachinformationen in unterschiedlichen Textformen wie Berichten, Briefen, Bastelanleitungen, Rezepten oder Infotafeln.

So können Sie Ihr Kind dabei unterstützen, dass es begeistert und erfolgreich lesen lernt:

Haben Sie Geduld! Nicht jedes Kind ist eine geborene Leseratte und manche brauchen etwas länger, um sich mit dem Lesen anzufreunden. Lesen Sie Ihrem Kind auch weiterhin vor. Dabei bekommt es ein Gefühl für fließendes Lesen, ausdrucksstarke Sprache und richtige Betonung. Fragen Sie es immer wieder einmal, ob es Ihnen vorlesen möchte. Seien Sie geduldig. Irgendwann wird die Neugier auf die Geschichten siegen.

Je mehr, desto besser! Mit jedem Text, den Ihr Kind liest – sei es ein Gedicht, eine Geschichte oder ein Sachtext –, werden sich seine Lesefähigkeit, sein Gefühl für Sprache und sein Verständnis schwieriger Wörter weiterentwickeln. Am besten liest es regelmäßig, aber nur so lange, wie es mag. Dabei reichen am Anfang zehn Minuten völlig aus.

Nicht zu schnell! Achten Sie darauf, dass Ihr Kind sich Zeit nimmt, jedes Wort in Ruhe auszusprechen und seine Bedeutung zu verstehen. Die Sachtexte sind für Ihr Kind etwas schwerer zu lesen als die erzählenden Passagen. Loben Sie Ihr Kind, wenn es sich ein schwieriges Wort erschlossen hat oder einen Satz noch einmal anders betont liest, nachdem es den Sinn verstanden hat.

Seien Sie ein guter Zuhörer! Wenn es bereit ist, lassen Sie Ihr Kind laut vorlesen und hören Sie ihm aufmerksam zu. Unterbrechen Sie es nur, wenn es wirklich nötig ist. Oder machen Sie zwischendurch, zum Beispiel vor Beginn eines neuen Kapitels, kleine Pausen, in denen Sie über das Gelesene sprechen. Auch die Quizfragen am Buchende bieten eine spielerische Möglichkeit, das Textverständnis zu überprüfen.

Geteilte Freude ist doppelte Freude! Laden Sie andere Zuhörer und Vorleser – Geschwister, Großeltern oder gute Freunde – ein: Lesen Sie mit verteilten Rollen oder veranstalten Sie einen Lesenachmittag. Nach der ersten Aufregung werden Stolz und Freude an den geteilten Geschichten überwiegen.

Seien Sie Vorbild! Wenn Sie selbst viel lesen, wird auch Ihr Kind dies als selbstverständliche und erfüllende Beschäftigung kennenlernen.

Spaß muss sein! Wählen Sie die Bücher und Texte nach den Interessen Ihres Kindes aus. Das erhöht die Lust aufs Lesen und sorgt für lang anhaltende Motivation.

Wir wünschen Ihnen und Ihrem Kind viel Freude beim gemeinsamen Lesen!

Antworten für das Quiz auf Seite 42

1. Meister Wu, 2. Nya und Kai, 3. Erde, 4. Nunchakus des Blitzes,
5. *Schatten des Ninja-Flugseglers,* 6. Ein Mech, 7. Ein Pythor,
8. Die Vermillion, 9. Die Luftpiraten, 10. Im Tempel des Airjitzu

1. Lesestufe — Leseanfänger

2. Lesestufe

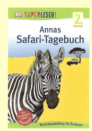

Von Grundschullehrern empfohlen